Kathleen Hudson

Selbstverteidigung für die Frau

Tips und Tricks
für die eigene
Sicherheit

BLV Verlagsgesellschaft
München Bern Wien

CIP-Kurztitelaufnahme der Deutschen Bibliothek

Hudson, Kathleen:
Selbstverteidigung für die Frau: Tips u. Tricks
für d. eigene Sicherheit / Kathleen Hudson.
[Übers.: Anita Hartung]. – München, Bern, Wien:
BLV Verlagsgesellschaft, 1979.
   Einheitssacht.: Every woman's guide to self
   defence ⟨dt.⟩
   ISBN 3-405-12024-1

ISBN 3-405-12024-1

Übersetzung: Anita Hartung

Titel der englischen Originalausgabe:
»Every Woman's guide to Self Defence«
© Collins, Glasgow and London

Deutschsprachige Ausgabe:
© BLV Verlagsgesellschaft mbH, München, 1979

Titelbild: Jürgen Kemmler
Gesamtherstellung: Ludwig Auer, Donauwörth

Printed in Germany

Inhalt

Einführung

In unserer Zeit, in der die Menschen immer gewalttätiger werden, ist die Selbstverteidigung unentbehrlich geworden. Überall werden Selbstverteidigungslehrgänge in den verschiedenen asiatischen Kampfsportarten angeboten. Diese Techniken sind zwar recht wirkungsvoll, ihre Beherrschung erfordert jedoch viele Stunden regelmäßiges, hartes Training über Monate oder Jahre. Viele sind der Meinung, daß das nötige intensive Training zu viel Zeit und Energie in Anspruch nimmt. Aus diesem Grunde können sich einige überhaupt nicht damit befassen; andere beschäftigen sich nur sporadisch mit einer bestimmten Kampfart und vergessen dabei, daß eine unvollkommene Ausbildung – auch beim besten Willen – zu einer Gefahr werden kann.

Ich habe dieses Buch für alle Frauen geschrieben. Als Frau, die schon mehrmals in solche Situationen geraten ist, habe ich die Erfahrung gemacht, daß der Angriff auf Frauen sich in den meisten Fällen grundsätzlich von anderen Gewalttaten unterscheidet. Die Art und Weise, wie man mit solchen Situationen fertig wird, muß daher zwangsläufig stark von den konventionellen Verteidigungsmethoden abweichen, die bei Kampfsportarten für beide Geschlechter praktiziert werden. Die wirksamste und gerade greifbare Waffe muß gegen die nächstgelegenen Körperteile des Gegners eingesetzt werden, denn die Frau ist ja im allgemeinen physisch schwächer als der Mann. Frauen sind auch normalerweise deshalb leichter zu bezwingen, weil sie schnell in Panik geraten und dann versuchen, ihre minderen Kräfte gegen die des Mannes zu setzen. Man kann aber nur mit Geschicklichkeit einen stärkeren Gegner überwinden.

Davon ausgehend habe ich die einfachsten Verteidigungsarten gegen konventionelle Angriffe beschrieben, die auf verschiedenen, vom Atemi-Jit-su, Kung-Fu, Jiu-Jitsu und Judo herstammenden Techniken beruhen. Ich bin 1,59 m groß und wiege knapp 51 Kilo. Mein Partner auf den meisten Abbildungen ist 2,16 m groß und wiegt 92 Kilo. Gegen eine solch offensichtliche körperliche Überlegenheit kann man nur mit Geschicklichkeit etwas erreichen.

Sehr viele Situationen können schon dadurch vermieden werden, daß man sie gar nicht erst entstehen läßt. In den meisten Fällen weiß ein vernünftiger Mensch, wann Vorsicht geboten ist.

Hierzu einige **Beispiele:**

- Ermuntern Sie keinen Mann, wenn Sie nicht die Absicht haben, mit ihm zu flirten.
- Halten Sie sich nicht allein mit einer zwielichtigen Person in einem Raum auf.
- Gehen Sie nie allein auf dunklen Straßen; wenn Sie es nicht vermeiden können, versuchen Sie wenigstens, nicht zu nahe an Eingängen und Einfahrten vorbeizugehen.
- Setzen Sie sich nie in leere Eisenbahnwagen oder -abteile. Suchen Sie die Gesellschaft anderer Leute. Ein Einzelner wird nie angreifen, wenn sich viele Menschen in der Nähe aufhalten.
- Vermeiden Sie Plätze, die bekannt für Gewalt und Brutalität sind.
- Und vor allem: **Geraten Sie nie in Panik!**

Folgen der Panik

In einer bedrohlichen Situation kann sehr leicht Panik entstehen. Frauen sind dabei immer im Nachteil, weil ihr logischer Denkprozeß in totale Verwirrung gerät, und sie aus Angst vergeblich versuchen, ihre unzureichende Körperkraft gegen den Angreifer aufzubieten, anstatt ihre Möglich-

keiten gezielt einzusetzen. Der Schwächere muß jedoch immer schnell und entschlossen reagieren.

Variationen

Es ist klar, daß nicht alle Angriffe genau wie in diesem Buch ausgeführt werden. Um die möglichen Variationen zu erfassen, hätte man eine Enzyklopädie verfassen müssen. Die hier beschriebenen Situationen zeigen jedoch eine breite Skala von Angriffsarten. Die aufgestellten allgemeinen Grundsätze gelten für die meisten Variationen. Dieses Buch beschreibt also eine Anzahl von Angriffsarten mit den entsprechenden einfachsten und wirkungsvollsten Verteidigungsmöglichkeiten. Diese sind allgemeinverständlich dargestellt und können daher auf die meisten Variationen angewendet werden.

Dunkelheit

Es ist schon schwer genug, einem Angreifer bei Tageslicht gegenüberzustehen; trotz der unangenehmen Lage sehen Sie aber immer noch alles um sich. Werden Sie bei Dunkelheit angegriffen, müssen Sie sich vorstellen, daß alles genauso ist wie am Tage. Die Tatsache, daß Sie nichts sehen, ändert nichts an der Situation; da Sie aber keine visuelle Beziehung zur Umgebung haben, kann es passieren, daß Ihre Phantasie mit Ihnen durchgeht. Obwohl Sie kein genau umrissenes Bild sehen, müssen Sie versuchen, klaren Kopf zu bewahren und sich zu vergegenwärtigen, daß Sie trotz der Dunkelheit dieselbe Reaktionsfähigkeit besitzen wie am Tage. Suchen Sie, wie bei allen anderen Situationen, die nächste schwache Stelle und schlagen Sie ohne Rücksicht zu.

Empfindliche Stellen des Mannes

Die schwachen Punkte eines Mannes, die Frauen mit den Händen, Füßen, Beinen oder den in diesem Buch beschriebenen Waffen ohne Schwierigkeiten angreifen können:

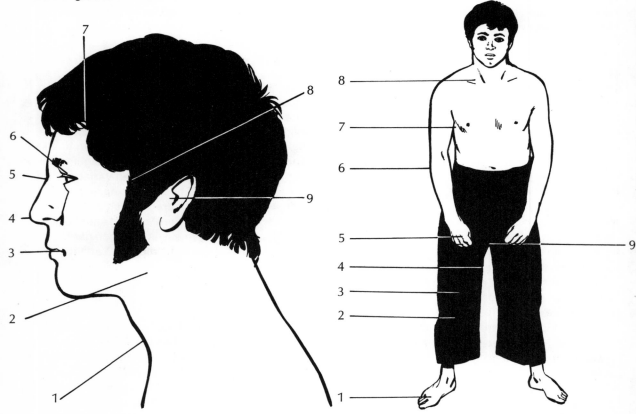

1 Adamsapfel
2 Kinnwinkel
3 Seitliche Oberlippe
4 Nasenspitze
5 Nasenrücken
6 Über dem Augapfel, unter dem Knochen
7 Vorderer Haaransatz
8 Haare an der Schläfe
9 Ohr

1 Mittelfußknochen
2 Schienbein
3 Kniescheibe
4 Innenseite des Beines
5 Knochige Oberhand
6 Ellbogenknochen
7 Weiche Stelle unter dem Arm
8 Schlüsselbein
9 Genitalbereich

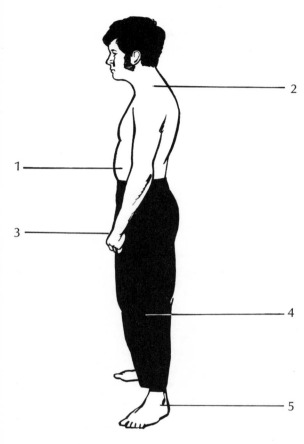
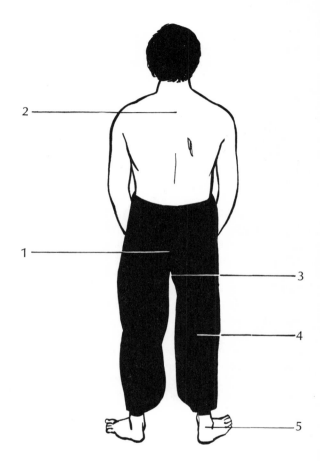

1 Unterste freie Rippe
2 Weiche Stelle seitlich am Hals
3 Handgelenksknöchel
4 Seitliche Kniescheibe
5 Sprunggelenk

1 Steißbein
2 Obere Wirbelsäule
3 Genitalbereich
4 Kniekehle
5 Achillessehne

Abwehrmaßnahmen in verschiedenen Situationen

Belästigung auf einer öffentlichen Veranstaltung

Situation:
Sie sind auf einer gut besuchten öffentlichen Veranstaltung und es belästigt Sie ein Mann, der aber unter den gegebenen Umständen eigentlich nicht gefährlich werden kann. Drastische Methoden sind daher nicht angebracht – es genügt, Ihre Fertigkeiten unter Beweis zu stellen, um ihm zu erkennen zu geben, daß Sie auf weitere Annäherungsversuche sofort reagieren und ihn damit in aller Öffentlichkeit bloßstellen werden. Ein Mann riskiert äußerst selten, sich vor anderen Leuten lächerlich zu machen.

Richtiges Verhalten:
Gehen Sie näher an ihn heran. Versuchen Sie, so harmlos wie möglich zu erscheinen.

Zwicken Sie ihn mit Daumen und Zeigefinger Ihrer freien Hand an der Innenseite seines Oberschenkels, etwa in der Mitte zwischen Knie und Leistengegend. Diese Stelle ist besonders schmerzempfindlich.

Ziehen Sie ihre Hand schnell zurück. Der Mann wird zur verletzten Stelle greifen und zurückweichen. Lächeln Sie. Benehmen Sie sich ganz unbefangen. Denken Sie daran, daß Sie ihm nur eine Lehre erteilen wollten und keinen Wert auf eine Szene legen.

Angriff von vorne

Situation:
Sie werden von vorne angegriffen. Der Täter versucht, in die Haare zu greifen und Sie zu sich zu ziehen.

Versuchen Sie nicht, in den Unterkörper zu schlagen. Sie könnten den entscheidenden Punkt verfehlen, was sofort einen Kampf zur Folge hätte. Dabei wären Sie aufgrund der körperlichen Überlegenheit des Mannes wieder im Nachteil.

Richtiges Verhalten:
Packen Sie mit beiden Händen das Handgelenk des Mannes. Machen Sie einen Schritt auf ihn zu.

Beugen Sie Ihren Kopf und Ihre Schultern soweit nach vorne, bis sie unter seinem Arm durchschlüpfen können. Sie halten dabei weiter den Griff am Handgelenk.

Durch die schnelle Bewegung an seiner rechten Seite vorbei, wird sein Arm jetzt nach rückwärts gedreht. Mit einem starken Zug beider Hände nach oben, bringen Sie den Angreifer nach vorne zu Fall. Dabei können Sie das Knie oder den Fuß noch gegen den Kopf des Fallenden schlagen, falls Sie ihn noch nicht zu Boden geworfen haben.

Angriff von hinten

Situation:
Jemand faßt von hinten unsanft an Ihre Schulter.

Richtiges Verhalten:
Gehen Sie einen Schritt zurück, so daß Sie Seite an Seite mit dem Angreifer stehen. Der folgende Griff funktioniert nur, wenn Sie zurückgehen und sich dicht neben ihn stellen. Es wäre also falsch, nach vorne auszuweichen, denn das würde zu einem Kampf führen, in dem der Mann im Vorteil ist.

Durch eine hohe, kreisförmige Bewegung Ihres Armes rückwärts kommt sein Ellbogen unter Ihre Achsel.

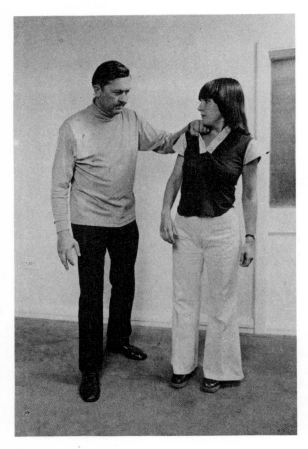

Der Druck nach hinten wird noch durch die andere Hand unterstützt.

Die Dosierung des Druckes hängt davon ab, was Sie beabsichtigen. Sie können
- mit all Ihrer Kraft ruckartig auf seinen Arm drücken und ihn verrenken,
- nur so fest drücken, daß er noch stehenbleibt, während Sie Ihr Knie hochziehen und ihm einen Schlag in seinen Unterleib versetzen,
- ihm mit der offenen Handfläche Ihrer freien Hand hart auf seine Nase schlagen,
- ihn durch Fortführen des Drucks nach hinten zu Fall bringen.

Der Arm dreht weiter, und Ihre Hand drücken Sie mit der Rückseite an seine Schulter.

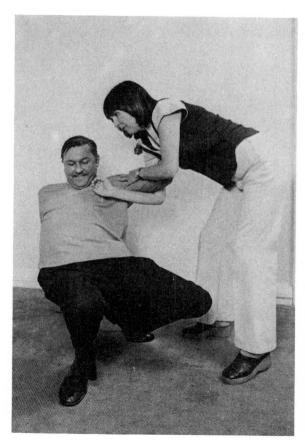

Anfassen von vorne

Situation:
Ein Mann wird aufdringlich und versucht, Ihnen
an die Brust zu fassen. Bevor Sie zur Tat schrei-
ten, müssen Sie den Ernst der Lage abschätzen.
Das ist sicher nicht immer einfach, aber denken
Sie daran, daß die angewendeten Abwehrmaßnah-
men im Verhältnis zur erwarteten Gefahr stehen
müssen.

Richtiges Verhalten:
Legen Sie beide Hände auf seine Schultern oder
um seinen Hals. Gehen Sie nach vorne, als ob Sie
ihn umarmen wollten und stellen Sie Körperkontakt her.

Verlagern Sie Ihr Gewicht auf ein Bein, und stoßen
Sie mit dem anderen Knie in seinen Genitalbereich, während Sie mit Ihrer Handfläche auf seinen Mund oder seine Nase drücken.

Denken Sie daran, sich an ihm festzuhalten, denn
sonst kann er dem Tritt unter Umständen ausweichen.

Ein Lächeln auf Ihren Lippen kann ihn in Sicherheit wiegen und hilft, Ihre Bewegungen zu tarnen.

Würgen von hinten

Situation:
Ein Mann versucht, Sie von hinten zu würgen. Dagegen gibt es eine Reihe von wirksamen Verteidigungsmöglichkeiten, die alle in kürzester Zeit ausgeführt werden müssen, denn ein Mensch kann innerhalb weniger Sekunden zu Tode gewürgt werden. Ihre Verteidigungstechnik muß daher beim ersten Mal gelingen.

Richtiges Verhalten:
Versuchen Sie nicht, sich mit den Händen aus dem Würgegriff zu befreien.

Beugen Sie sich ruckartig nach vorne, dabei stoßen Sie so kräftig wie Sie können mit der Hüfte in seinen Unterleib.

Zwischen den Beinen ergreifen Sie einen seiner Unterschenkel und ziehen mit einem Ruck gleichzeitig nach oben und vorwärts.

Falls notwendig, können Sie noch mit einem Fußtritt rückwärts in den Genitalbereich den Angreifer unschädlich machen (siehe Bild 4).

Geraten Sie nicht in Panik, Sie verschwenden damit nur die ohnehin knappe Zeit für wertvolle Energie.

1

2

3

4

17

Würgen von vorne

Situation:

Sie werden von vorne gewürgt. Wie bereits erwähnt, muß beim Würgen durch einen Angreifer schnell gehandelt werden. Versuchen Sie nicht, sich aus dem Würgegriff mit Ihren Händen zu befreien oder mit der Faust auf ihn einzuschlagen. Solche Abwehrversuche sind meist vergeblich.

Richtiges Verhalten:

Greifen Sie mit Daumen und Zeigefinger nach seinen Ohren oder dem Haaransatz an der Schläfe.

Dieser Griff führt nur zum Erfolg, wenn Sie ganz dicht bei ihm stehen; haben Sie also den Mut, sich zu ihm hinzubewegen.

Strecken Sie die Arme und drehen Sie die Hände gleichzeitig nach unten. Das hat zur Folge, daß er sich aufgrund des großen Schmerzes zurückbeugt. Nützen Sie diese Stellung aus, um Ihr Knie in seine Genitalien zu stoßen.

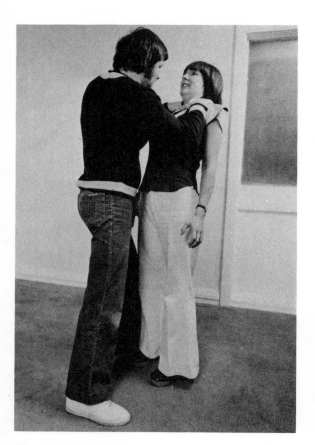

Variation:

Hier wird eine Variation zum vorangegangenen Verteidigungsbeispiel gegen einen Würgeangriff von vorne gezeigt. Denken Sie wieder an die begrenzte Zeit, die Ihnen zur Verfügung steht. Ihr Griff muß daher beim ersten Mal klappen.

Richtiges Verhalten:

Stecken Sie Ihre Daumen in seine Mundwinkel. Ziehen Sie diese nach außen und nach vorne. Die Ausweichbewegung des Angreifers nach hinten gibt Ihnen wieder die Gelegenheit, mit Ihrem Knie in seine Genitalien zu stoßen.

Umklammerung von vorne über den Armen

Situation:
Sie werden von vorne über beiden Armen umklammert. Der Angreifer steht also sehr nahe; kein Grund und keine Möglichkeit näher heranzugehen.

Richtiges Verhalten:
Hier gibt es mehrere Möglichkeiten, sich des Angriffs zu erwehren:
Schlagen Sie Ihre Stirn gegen seinen Mund und seine Nase. Zwicken Sie ihn in die Innenseite seines Oberschenkels (siehe S. 22) oder stechen Sie mit den Daumen in seinen äußerst empfindlichen Genitalbereich.

Sollten Sie sich überhaupt nicht bewegen können, versuchen Sie, mit Ihrem Mund an seine Lippen zu kommen und kräftig zuzubeißen.

Umklammerung von vorne unter den Armen

Situation:

Jetzt werden Sie in einer Umklammerung von vorne unter den Armen gehalten. Ihr Angreifer hat Sie mit beiden Armen gepackt, wobei Sie Ihre Hände und Beine aber frei bewegen können.

Richtiges Verhalten:

Greifen Sie wie auf den Seiten 18 und 19 beschrieben sein Gesicht an. Außerdem bietet sich folgendes an:
Erfassen Sie mit der linken Hand eine Augenbraue und kneifen Sie mit der anderen Hand in die weiche Haut unter dem Kiefer. Ziehen Sie mit Ihrer rechten Hand nach unten und mit der linken Hand nach oben. Dem Schmerz ausweichend, beugt sich der Mann rückwärts. Diesen Moment nützen Sie aus und stoßen mit dem Knie nach oben.

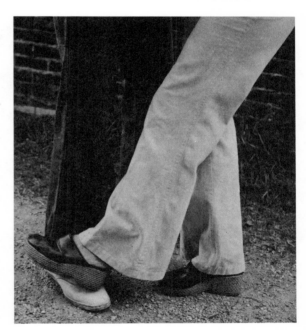

Anschließend treten Sie mit der Ferse fest auf seinen Fuß. Wenn Sie beim Auftreffen der Ferse eine Drehbewegung ausführen, können Sie an seinem Mittelfußknochen erhebliche Verletzungen bewirken.

Umklammerung von hinten über den Armen

Situation:
Ein Angreifer umfaßt Sie von hinten über den Armen und versucht, an Ihre Brust zu greifen. Die Bewegungsfreiheit Ihrer Arme ist dadurch stark eingeschränkt.

Richtiges Verhalten:
Stoßen Sie Ihren Hinterkopf kräftig gegen sein Gesicht. Zwicken Sie ihn mit beiden Händen an den Innenseiten der Oberschenkel und/oder schlagen Sie in seine Genitalien.

Umklammerung von hinten unter den Armen

Situation:
Im Grunde ist hier die gleiche Situation wie bei der Umklammerung über den Armen gegeben. Da Sie aber jetzt Ihre Arme vor allem nach oben frei bewegen können, wenden Sie besser folgende Abwehrmöglichkeit an:

Richtiges Verhalten:
Lehnen Sie sich gegen den Angreifer, so daß sich die Köpfe seitlich berühren. Greifen Sie unter seine Lippen und ziehen Sie; stampfen Sie gleichzeitig mit Ihrer Ferse auf seinen Fuß. Er wird vor Schmerz den Griff lösen. Denken Sie daran, daß es bei jeder Umklammerung zwecklos ist zu zerren, um sich mit Gewalt von dem Griff zu befreien.

Angriff im Auto

Situation:
Sie halten mit Ihrem Wagen an einer Kreuzung oder auf einem Parkplatz. Ein fremder Mann steigt in Ihr Auto ein. Versuchen Sie nicht, ihn hinauszudrängen. Sie provozieren damit nur, daß er seine größere Körperkraft einsetzt. Lassen Sie ihn einsteigen.

Richtiges Verhalten:
Stellen Sie den Motor ab. Nachdem er sich neben Sie gesetzt hat, wird er sich Ihnen zuwenden. Er kann nicht viel anstellen, wenn er gerade sitzenbleibt. Seien Sie zuvorkommend – wenden Sie sich ihm auch zu.

Krallen Sie die Finger Ihrer linken Hand in sein Gesicht und greifen Sie nach seiner Nasenspitze. Drücken Sie seinen Kopf zurück. Steigen Sie zu ihm hinüber, als ob Sie sich auf ihn knien wollten.

Ziehen Sie währenddessen Ihr linkes Knie an und drücken Sie es mit Ihrem ganzen Gewicht auf seine Genitalien. Stoßen Sie Ihren linken Ellbogen in sein Gesicht. Steigen Sie schnell aus und suchen Sie Hilfe.

Belästigung auf einer Bank

Situation:
Sie sitzen in einem öffentlichen Verkehrsmittel wie z. B. einem Bus oder einer Straßenbahn. Außer Ihnen sind nur wenige Passagiere im Wagen. Oder aber Sie haben alleine auf einer Parkbank Platz genommen. Jetzt setzt sich ein Mann zu Ihnen und versucht, handgreiflich zu werden.

Richtiges Verhalten:
Eine Möglichkeit ist, genauso zu verfahren wie beim Angriff im Auto. Die zweite Möglichkeit: Legen Sie den Arm um seinen Hals und stoßen Sie mit der Stirn heftig gegen sein Gesicht (Bild 1). Schlagen Sie mit voller Wucht in seine Genitalien (Bild 2). Befreien Sie sich und suchen Hilfe.

1

Angriff in einem Türeingang

Situation:

Ein Mann stellt sich Ihnen an einem Türeingang oder in irgendeinem anderen, begrenzten Raum in den Weg. Er steht damit sehr nahe vor Ihnen. Dieser geringe Abstand zu Ihrem Angreifer kann ausgenützt werden. Weichen Sie also nicht vor Angst zurück.

Richtiges Verhalten:

Legen Sie Ihre Arme um seinen Hals und packen Sie seine Haare am Haaransatz knapp über dem Kragen. Drehen Sie Ihre Hände nach innen und ziehen Sie diese dann nach unten (Bild 2). Das bewirkt, daß er sich nach vorne bewegt – eine günstige Stellung, um mit dem Knie seine Leistengegend zu treffen.

Drehen Sie seinen Kopf nach links, indem Sie an seinen Haaren mit der einen Hand nach oben und mit der anderen nach unten ziehen (Bild 3); Sie bringen ihn damit aus dem Gleichgewicht, so daß Sie ihm dann mit Ihrer rechten Ferse auf die Zehen seines rechten Fußes stampfen können.

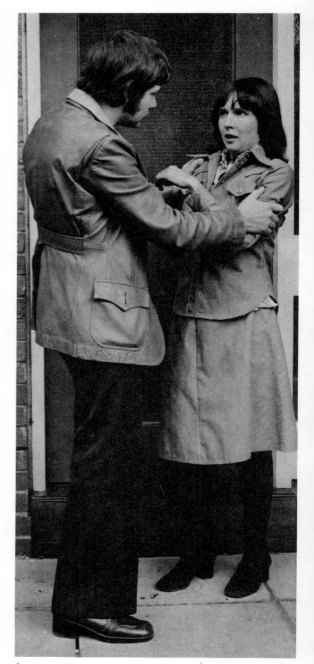

1

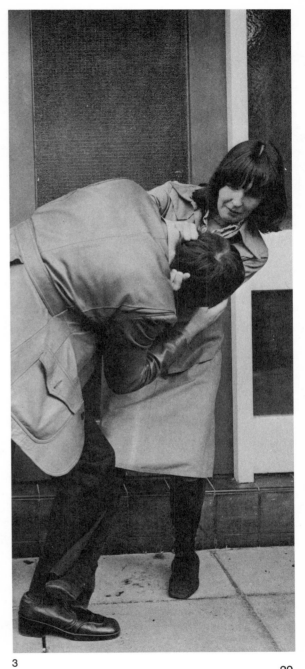

2   3

Angriff im Treppenaufgang

Situation:
Sie steigen eine Treppe hinauf oder hinunter und werden von einem von unten kommenden Mann angegriffen. Versuchen Sie, wenn möglich, auf einen Treppenabsatz zu gelangen. Wenn Sie Schuhe mit hohem Absatz tragen, werfen Sie diese ab. Es kann sich für Sie sehr nachteilig auswirken, wenn Sie nur geringfügig aus dem Gleichgewicht geraten.

Richtiges Verhalten:
Bewegen Sie sich auf ihn zu und greifen Sie entschlossen sein Gesicht und seine Augen oder seinen Mund an. Sobald Sie ihn verletzt haben, lassen Sie los und laufen weg.
Die Abbildungen zeigen eine andere gute Abwehrmöglichkeit. Drehen des linken Ohrs, um Schmerz auszulösen und um das Gleichgewicht zu stören (Bild 1). Gleichzeitiger Angriff auf das Gesicht mit Ihrem linken Ellbogen – diese Technik funktioniert am besten, wenn diese zwei Bewegungen rasch aufeinanderfolgen. Nehmen Sie den Ellbogen hoch genug, um das Gesicht ihres Gegners mit Wucht treffen zu können. Das Gleichgewicht halten Sie mit der rechten Hand – dadurch können Sie mit dem linken Bein empfindliche Stellen angreifen (Bild 2).

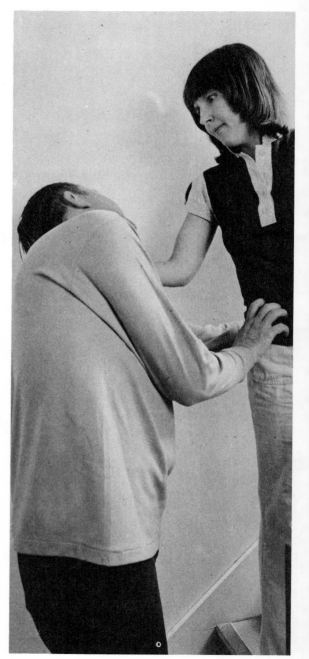

1

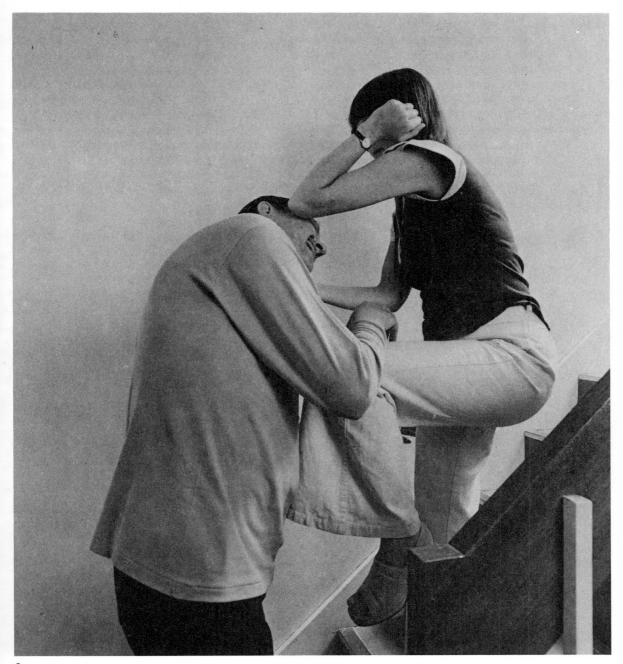

Belästigung auf der Straße

Situation:
Ein Mann hat sich Ihnen mit der deutlichen Absicht genähert, Gewalt anzuwenden. Er kommt von vorne und versucht, Sie zu fassen.

Richtiges Verhalten:
Fassen Sie seine Hand mit beiden Händen, und zwar so, daß die Handflächen an seinem Handrücken seitlich anliegen, und die Daumen auf seine Fingerknöchel drücken.

Drehen Sie seine Handfläche nach oben. Knicken Sie sein Handgelenk, indem Sie seine Hand von sich wegdrücken. Wegen des Schmerzes wird der Angreifer nach unten ausweichen und das Gleichgewicht verlieren.

Bis zu diesem Zeitpunkt war der Schmerz noch nicht allzu groß. Wie auf dem Bild zu sehen, ist er jedoch bereits völlig aus dem Gleichgewicht geraten. Jetzt ist Gelegenheit, wahlweise empfindliche Stellen seines Unterkörpers zu treffen. Zielen Sie aber am besten auf die Stelle zwischen den Beinen.

Unvermuteter Angriff aus dem Hinterhalt

Situation:
Sie gehen einen einsamen Weg, fallen aus irgendeinem Grund plötzlich hin und liegen kurzzeitig auf dem Rücken. In diesem Augenblick taucht ein Mann auf, der hinter einem Busch auf der Lauer gelegen hatte, und hält Sie am Boden fest. Angenommen Sie können ihre Arme bewegen.

Richtiges Verhalten:
Stoßen Sie ihre Hand nach oben und versetzen Sie ihm mit dem Handballen einen energischen Schlag auf seine Nasenspitze.

Greifen Sie nach seinem Mund und kneifen Sie ihn in die Lippen. Ziehen Sie dabei nach links und rechts. Diese Bewegung müssen Sie sehr energisch ausführen. Quetschen Sie die Haut zwischen Ihren Fingern und ziehen Sie gleichzeitig heftig. Das wird zur Folge haben, daß Ihr Angreifer von Ihnen abläßt. Laufen Sie schnell davon.

Sind Ihre Arme von Anfang an nicht frei, ist es völlig sinnlos zu kämpfen. Solange Sie so gehalten werden, kann Ihnen sonst nicht viel passieren. Sollte er seine Hand für etwas anderes gebrauchen, muß er einen Ihrer Arme loslassen. Dann können Sie genauso wie eben beschrieben verfahren.

Verteidigung in der Bodenlage

Situation:
Sie sind von hinten gepackt und zu Boden geworfen worden. Der Angreifer steht neben Ihnen und versucht, Sie mit dem rechten Fuß zu treten.

Richtiges Verhalten:
Haken Sie einen Fuß in seiner Kniekehle ein. Mit dem anderen drücken Sie fast in Höhe des Fußgelenkes gegen sein Schienbein. Durch eine plötzliche Scherbewegung der Füße kommt der Gegner nach vorne zu Fall.

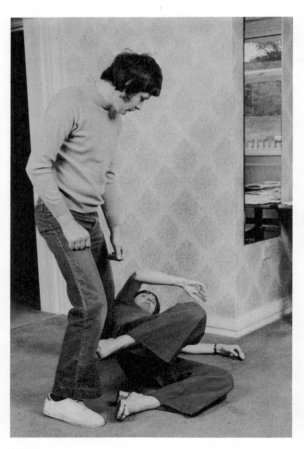

Eine andere Möglichkeit ist, in der Seitlage am Boden den unteren Fuß an der Ferse, den oberen Fuß am Knie anzusetzen, und dann die Scherbewegung auszuführen, was zu einem Sturz nach hinten führt.

Vermeiden Sie vor allem, daß er Sie anschließend während des Aufstehens angreifen kann. Durch die ungünstige Gleichgewichtslage ist man dabei besonders gefährdet.

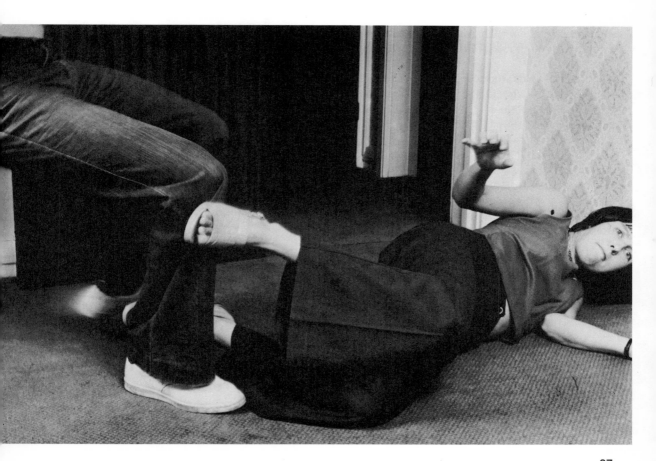

Zwei Angreifer, einer von vorne, einer von hinten

Situation:

Einer der beiden umfaßt Sie von hinten über den Armen. Der andere greift Sie von vorne am Rock. Auch wenn Sie jetzt mit zwei Männern fertig werden müssen, ist die Situation doch zu bewältigen.

Richtiges Verhalten:

Lassen Sie den vorderen Mann für eine Sekunde außer acht und gehen Sie gegen den hinteren wie schon auf Seite 22 beschrieben vor. Werfen Sie den Kopf zurück und zwicken Sie mit beiden Händen in seine Oberschenkel oder Genitalien. Sie müssen schnell handeln, da Sie ja noch einen zweiten Gegner haben (Bild 1).

Nachdem der eine Angreifer von Ihnen abgelassen hat, können Sie sich jetzt dem vorderen Mann widmen. Packen Sie die Haut seines Halses und ziehen Sie nach unten. Stoßen Sie gleichzeitig mit dem Knie in seine Genitalien (Bild 2).

Anmerkung: Das scheinbar Naheliegende wäre, zuerst gegen den vorderen Mann vorzugehen. Wenn Sie allerdings versuchen, zunächst den Gegner vor Ihnen auszuschalten, während sie von dem hinteren festgehalten werden, entsteht ein ungleicher Kampf, in dem die Kraft der Frau gegen die der zwei Männer steht. Das würde sich natürlich innerhalb kürzester Zeit als verhängnisvoll erweisen. Denken Sie also daran, zuerst den hinteren Gegner außer Gefecht zu setzen, weil Sie sich nur dann ganz dem vorderen zuwenden können.

1

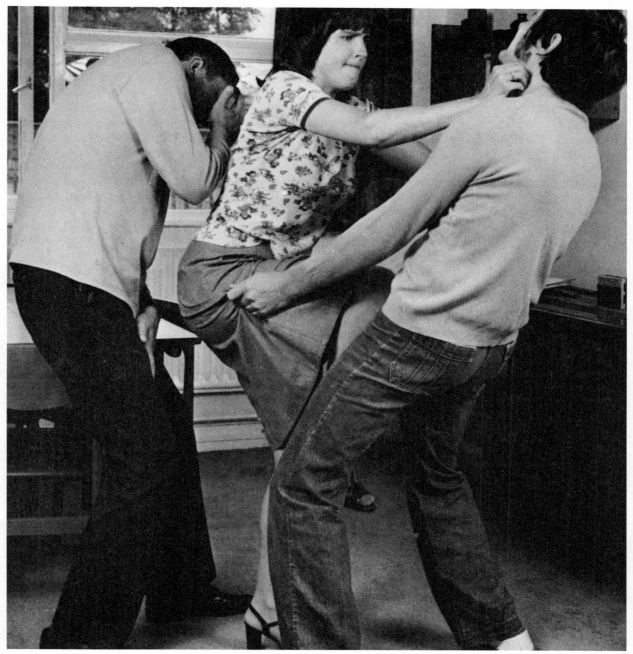

Belästigung auf einer Couch

Situation:

Bei einer Party in größerem Rahmen sitzen Sie bequem auf einer etwas abseits stehenden Couch. Ein Mann setzt sich zu Ihnen und macht unmißverständlich Annäherungsversuche, die Ihnen unangenehm sind.

Richtiges Verhalten:

Lassen Sie ihn ruhig den Arm um Sie legen. Wenden Sie sich ihm zu. Legen Sie währenddessen eine Hand auf die weiche, empfindliche Innenseite seines Beines und bewegen Sie die andere nach oben auf sein Gesicht zu.

Zwicken Sie in sein Bein und pressen Sie gleichzeitig Ihre Handfläche auf seine Nasenspitze. Wenn nötig, können Sie noch mit Ihren Fingerspitzen in seine Augen drücken. Entfernen Sie sich so rasch wie möglich.

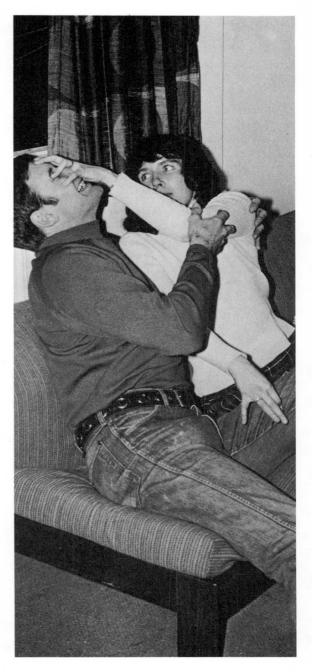

Prüfen Sie sich selbst

Sie sehen auf dem Bild nur die Darstellung der Situation. Diesmal werden keine weiteren Abbildungen folgen, weil Sie jetzt Ihre Vorstellungskraft benützen sollen, um Ihre eigenen Lösungen zu finden. Das soll Sie dazu anregen, selbständig zu denken, denn es wäre sinnlos, sich blind auf eine Anzahl von eingespielten Situationen zu verlassen. Anschließend finden Sie einen Vorschlag zur Verteidigung.

Situation:

Sie werden von vorne umklammert, wobei der linke Arm festgehalten wird, der rechte frei beweglich ist. Sie befinden sich in einem engen Raum oder Flur.

Jetzt gilt es, schnell und wirksam zu handeln.

Lösungsvorschläge:

Naheliegend ist, ihn in den am nächsten erreichbaren Körperteil, hier in den Hals, zu beißen.

Oder aber Sie geben scheinbar jeden Widerstand auf und sind ganz entspannt. Formen Sie mit Daumen und Zeigefinger der rechten Hand einen Kreis und spreizen Sie die anderen Finger weit ab. Drücken Sie den Ring von Daumen und Zeigefinger dem Angreifer auf die Nase und stoßen Sie die Hand kräftig nach oben und hinten. Die schwächste Hand kann so den Nasenrücken empfindlich verletzen.

1

An einer Haltestelle allein

Situation:

Sie stehen alleine mit einem Fremden an einer Bushaltestelle und können mit keiner Hilfe rechnen. Wenn er angreift, müssen Sie also schnell handeln, um der Situation Herr zu werden. Wenn er seine Absichten zu erkennen gibt, und Sie gezwungen werden, schnell zu reagieren, nehmen Sie eine Stellung ein, von der aus Sie gut zuschlagen können.

Richtiges Verhalten:

Treten Sie mit der Außenkante Ihres linken Fußes energisch auf seine Zehen. Wölben Sie Ihre Hand leicht nach innen und stoßen Sie heftig nach oben, so daß die Fingergelenke seine Nase mit Wucht treffen (Bild 1). Drehen Sie sich um und entfernen Sie sich rasch. Laufen Sie aber nicht davon.

Wenn Sie zufällig einen Schirm oder eine schwere Handtasche bei sich haben, schleudern Sie diese mit Wucht zwischen seine Beine. Drücken Sie mit der Schirmspitze auf seine Zehen. Versuchen Sie nicht, ihn damit am Kopf zu treffen, weil diese Bewegung relativ leicht abzuwehren ist (Bild 2).

2

An einer Haltestelle mit anderen Personen

Situation:
Wenn Sie mit anderen Leuten an der Haltestelle stehen, müssen Sie nicht so energisch wie im Beispiel vorher vorgehen. Hier genügt es, wenn Sie ihm momentan Schmerz zufügen, denn die Meisten versuchen zu vermeiden, sich vor anderen lächerlich zu machen. Die Belästigungen werden dann sofort aufhören.

Richtiges Verhalten:
Halten Sie sich am Revers seiner Jacke fest, um das Gleichgewicht zu halten, und stampfen Sie heftig auf den Fuß des Zudringlichen.

Zweckmäßig ist auch ein Stoß gegen sein Schienbein, mit einem eventuell nachfolgenden energischen Stampftritt auf seine Zehen. Das genügt, um beim Angreifer so viel Schmerz und Verwirrung auszulösen, daß er von weiteren Versuchen absieht.

An einer U-Bahnhaltestelle oder einem Bahnhof

Situation:

Sie befinden sich an einer U-Bahnhaltestelle oder an einem vergleichbaren Ort, wie z. B. einem kleinen Bahnhof, scheinbar alleine. Aus irgendeiner Nische springt plötzlich ein Mann auf Sie zu. Sie müssen jetzt schnell und entschlossen handeln, denn meist wird an solchen einsamen Orten von Dritten keine Hilfe zu erwarten sein, und oft ist der Fluchtweg im Gegensatz zur offenen Straße verbaut.

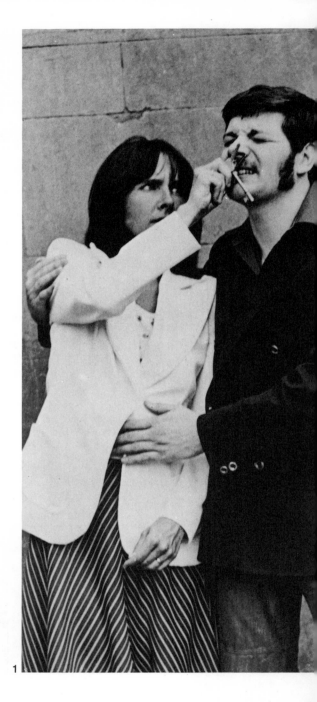

1

Richtiges Verhalten:

Eine wirksame Abwehr hängt teilweise von den augenblicklichen Gegebenheiten ab. Sollten Sie gerade einen Schlüsselbund oder einen anderen harten Gegenstand bei der Hand haben, drücken Sie ihn fest in die Nasenlöcher des Angreifers (Bild 1).

Sollten sich noch andere Leute an der Haltestelle aufhalten, packen Sie den Angreifer beim Kragen und drücken Sie die Fingergelenke Ihrer linken Hand unter seinen Adamsapfel. Strecken Sie Ihren Arm aus und drücken Sie seinen Kopf nach hinten. Fassen Sie seinen Gürtel mit der rechten Hand und ziehen Sie ihn zu sich (Bild 2). Dadurch wird er sich rückwärts beugen – aus dieser Lage wird er sich nur zu gerne wieder befreit wissen, um kein Aufsehen zu erregen.

Anmerkung: Wenn Sie Ihre Fingergelenke nicht genau unter seinen Adamsapfel drücken, erfordert dieser Griff viel Kraft und ist wenig wirksam.

2

Belästigung im Zug

Situation:

In einem U-Bahnabteil (Zugabteil, Bus) setzt sich ein Mann neben Sie und wird aufdringlich. Fordern Sie ihn vielleicht zuerst mit Worten auf, es zu unterlassen, dann setzen Sie sich von ihm weg. Überhaupt sollten Sie nicht immer gleich mit dem schwersten Geschütz auffahren, sondern, wenn möglich, erst versuchen, dem Konflikt auszuweichen.

Wenn alles nichts nützt, müssen Sie ihn an seinen empfindlichsten Stellen angreifen.

Richtiges Verhalten:

Fassen Sie mit Daumen und Zeigefinger die weiche Haut hinter dem Kiefer und drücken Sie diese fest zusammen. Sie können:

- Ihre Hände in kreisenden Bewegungen von sich wegstrecken, um ihn nach hinten zu werfen und damit den nächsten Angriff auf seinen Körper vorzubereiten (Bild 1);
- oder Ihre Hände nach hinten und zur Seite kreisen lassen, um anschließend einen harten Angriff auf seine Nase zu landen.

1

2

Hier noch andere Methoden, um Belästigungen in öffentlichen Verkehrsmitteln abzuwehren:
Zwicken Sie den Mann in beide Seiten seines Halses, stampfen Sie sofort auf seine Zehen und setzen Sie sich weg. Wenn er Sie nicht in Ruhe läßt, führen Sie mit Hilfe der anderen Hand einen Ellbogenstoß gegen seinen Hals oder gegen sein Gesicht aus (Bild 2).

Wenn sich ein Mann in einer überfüllten U-Bahn in unzüchtiger Weise an Sie heranmacht, und Sie ihn ohne Aufsehen zu erregen abwehren wollen, fangen Sie nicht an zu schreien oder eine Szene zu machen – zwicken Sie ihn kräftig in die empfindliche Innenseite seines Oberschenkels; das schreckt ihn ab und bleibt weitgehend unbemerkt (Bild 3).

3

Angriff im Zugabteil

Situation:
Sie befinden sich mit einem Mann allein in einem Zugabteil. Er macht eindeutige Annäherungsversuche. Bedenken Sie aber, daß er nicht unbedingt ein Sexualverbrecher sein muß, sondern einfach ein »Möchte-gern-Frauenheld« sein könnte. Vergessen Sie aber nicht, daß Sie sich schnell befreien müssen, damit Ihnen noch genügend Zeit bleibt, um Alarm zu schlagen.

Richtiges Verhalten:
Ein Tritt gegen den Fußknöchel dürfte ihn zunächst einmal von seinem Vorhaben abbringen. Stehen Sie auf und stützen Sie sich mit einem Arm auf seine Schulter – das gibt in einem fahrenden Zug festen Stand, gewährleistet die richtige Entfernung für einen gezielten Tritt und löst beim Angreifer leichte Verwirrung aus, die Sie zur Ausführung Ihres Vorhabens ausnützen. Versetzen Sie ihm jetzt einen kräftigen Tritt an den Fußknöchel.

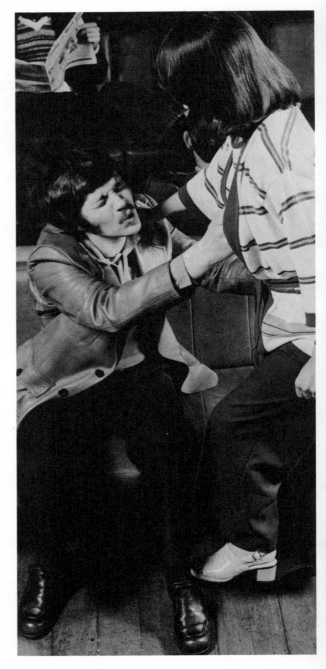

Sollte das nicht ausreichen, packen Sie mit beiden Händen das Haar über den Ohren und ziehen Sie es nach unten. Stoßen Sie Ihre Stirn mit aller Kraft gegen sein Gesicht. Obwohl nicht besonders angenehm, ist diese Technik äußerst wirkungsvoll und vor allem dann zu empfehlen, wenn Sie allein sind.

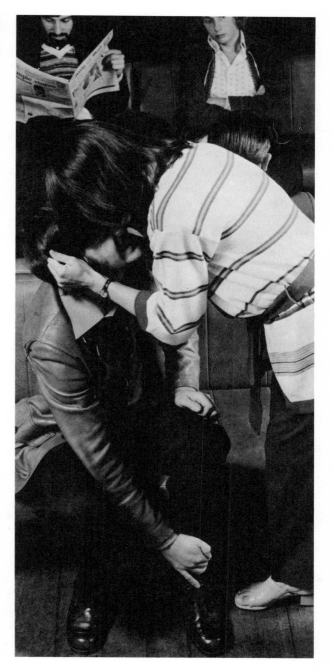

Belästigung auf einer belebten Straße

Situation:
Sie gehen tagsüber auf einer belebten Straße, um beispielsweise einige Besorgungen zu machen. Dabei haben Sie beide Hände frei, Sie tragen also keine Einkaufstaschen oder ähnliches. Ein Mann, der sich Ihnen genähert hat, wird handgreiflich.

Richtiges Verhalten:
Zwicken Sie ihn kräftig in die weiche Haut am Hals und an der Brust. Er wird sich unweigerlich zusammenkrümmen und die Aufmerksamkeit seiner Umgebung auf sich ziehen.

Anmerkung: Die Ansicht, daß sich der Angreifer durch die Schreie der angegriffenen Frau verwirren läßt, erweist sich oft als falsch. Wenn Angreifer und Opfer alleine sind, können Schreie beim Angreifer Angstgefühle auslösen, die dann zu einer Kurzschlußhandlung führen können.
Wenn Sie unter Menschen sind, wird der Angreifer in einem Eingang verschwinden oder sich unter die Menge mischen, während die ganze Umgebung auf das sinnlos schreiende Opfer starrt.

Angriff auf einsamer Straße

Situation:
Vermeiden Sie nach Möglichkeit, vor allem nachts, auf unbeleuchteten Straßen zu gehen. Wenn Sie dennoch allein gehen und dabei angegriffen werden, müssen Sie entschlossen reagieren, da Ihnen wahrscheinlich niemand zu Hilfe kommt.

Richtiges Verhalten:
Drehen Sie mit einer Hand an der Haut am Hals des Angreifers. Legen Sie die andere Hand auf sein Gesicht, so daß die weiche Haut unter seiner Nase zwischen Daumen und Zeigefinger ist – drücken Sie jetzt kräftig nach oben. Seine untere Körperhälfte ist nun völlig ungedeckt, falls Sie einen weiteren Gegenangriff landen wollen. Wenn nicht, machen Sie sich davon und verschwinden in der Dunkelheit.

Gefährliche Situation bei einer Party

Situation:
Sie befinden sich auf einer wilden Party und sind entweder durch Unwissenheit oder Leichtgläubigkeit zu einem abgeschiedenen Teil des Hauses gelockt worden. Der Mann macht sich so eindeutig an Sie heran, daß keine Zweifel mehr über seine Absichten bestehen. Wenn Sie nicht in der Lage sind, einfach wegzugehen, versuchen Sie es, ihm mit Worten auszureden. Sollte er nicht darauf eingehen:

Richtiges Verhalten:
Greifen Sie mit beiden Händen nach seinem Gurt. Reißen Sie ihn ruckartig nach oben. Dadurch wird der Schritt der Hose seine Genitalien eindrücken. Die Zeit, die er braucht, um sich wieder zu fangen, dürfte Ihnen genügen, um sich zu entfernen (Bild 1).

Wenn der oben erwähnte Griff schwer durchzuführen ist, und der Angreifer sich sehr aufdringlich verhält, schlagen Sie mit der gewölbten Hand auf seine Oberlippe und drücken sofort anschließend mit den Fingergelenken nach hinten gegen seine Nase (Bild 2). Weil das sicher Schmerzen bereitet, wird ihn das nach rückwärts aus dem Gleichgewicht bringen. Unter Umständen nützen Sie diese Situation aus, um Ihre Knie einzusetzen. Sie haben nun genügend Zeit, um den Raum zu verlassen.

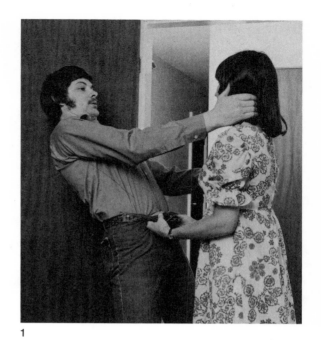

1

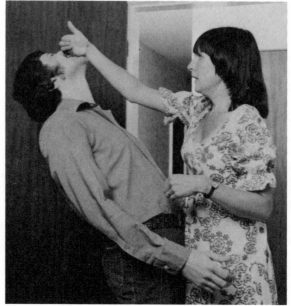

2

Bedrängnis an der Bar

Situation:
Sie nehmen in einem Lokal, in dem kaum Betrieb herrscht, an der Bar einen Drink zu sich. Der Barkellner hat die Theke verlassen, so daß Sie momentan nicht mit fremder Hilfe rechnen können. Sie trinken Ihren Drink lieber aus, als daß Sie ihn über den Mann schütten, der sich gerade an Sie heranmacht. Sie wollen ihn nur für kurze Zeit außer Gefecht setzen.

Richtiges Verhalten:
Ergreifen Sie ein Haarbüschel knapp über seiner Schläfe. Führen Sie mit dem Handgelenk kreisende Bewegungen nach vorne und nach hinten aus, um ihm weh zu tun. Mit der anderen Hand drücken Sie die gestreckten Finger fest von unten gegen seinen Adamsapfel.

Belästigung im Lokal

Situation:
Sie werden in einem lauten, überfüllten Lokal von einem Gast belästigt. Zunächst müssen Sie die Situation genau abschätzen. Wollen Sie riskieren, daß alle aufmerksam werden? Können Sie von den übrigen Anwesenden unter Umständen Hilfe erwarten? Wird der Angreifer auf jeden Fall vermeiden, Aufsehen zu erregen?

1

Richtiges Verhalten:

Sie sind nach Abschätzung der Lage zu dem Entschluß gekommen, sich den Mann nachhaltig vom Leibe zu schaffen. Wenn Sie Platz zum Ausholen haben, versetzen Sie ihm mit dem Fuß einen kräftigen Tritt gegen seinen Fußknöchel und gehen anschließend ruhig, aber schnell fort. Eine andere Möglichkeit ist, eine Hand unter seine Jacke zu schieben, und ihn fest in die Brust zu kneifen (Bild 2).

Beide Male wird er sich vor Schmerzen krümmen. Um Aufsehen zu vermeiden, wird er sicher von Ihnen ablassen. Denn in den seltensten Fällen will sich ein Mann vor fremden Menschen blamieren, weil er von einer Frau einen unangenehmen Korb bekommen hat.

2

Aufdringlichkeit nach einem Lokalbesuch

Situation:
Sie verlassen ein Lokal, um alleine nach Hause zu gehen. Dabei folgt Ihnen ein Mann und wird draußen vor der Türe zudringlich. Ihre Verteidigung wird übrigens durch leichten Alkoholkonsum des Angreifers meist erschwert, weil er aggressiver ist, durch reichlichen Alkoholgenuß erleichtert, weil seine Reaktionen nachlassen.

Richtiges Verhalten:
Denken Sie vor allem daran, wie übrigens bei allen Selbstverteidigungsaktionen, daß Sie konsequent und rücksichtslos handeln. Kommt es erst zum Kampf, sind Sie im Nachteil. Schlagen Sie mit voller Wucht den Handballen der gestreckten rechten Hand von unten gegen seine Nase (Bild 1). Mit der Außenkante des rechten Fußes stoßen Sie auf seinen Fußrist oder die Zehen.

In dem Moment, in dem er sich nach vorne beugt, fassen Sie mit Ihrer linken Hand an sein rechtes Jackenrevers und drücken gleichzeitig mit der anderen Hand seinen Kopf nach unten. Dadurch wird sein Kehlkopf an Ihren Unterarmknochen gequetscht (Bild 2). Dieser Würgegriff wird ihn sicher veranlassen, sein Vorhaben aufzugeben. Jetzt können Sie sich ungehindert entfernen. Sie sollten aber trotzdem eventuell Hilfe holen, um weitere Zwischenfälle zu vermeiden.

1

Annäherung im Kino

Situation:

Sie werden von einem neben Ihnen sitzenden Mann im Kino belästigt. Obwohl Sie Ihren ursprünglichen Sitzplatz schon gewechselt hatten, hat er sich wieder zu Ihnen gesetzt. Der Film hat bereits begonnen, es ist dunkel.

Richtiges Verhalten:

Legt er seine Hand auf Ihr Knie, fragen Sie ihn laut und deutlich: »Kann ich Ihnen behilflich sein?« Oft genügt das schon, um ihm deutlich zu machen, daß man keine Annäherung wünscht. Wenn er seinen Arm um Ihre Schulter legt, packen Sie die Haare über seiner Schläfe und ziehen Sie heftig daran. Sollte er eine Krawatte tragen, ziehen Sie kräftig an einem Ende, so daß er wie von einer zusammengezogenen Schlinge gewürgt wird. Sollte er Ihnen weiterhin keine Ruhe lassen, stechen Sie mit einem spitzen Gegenstand – Haarklammer, Nadel, Bleistift – in seinen Handrücken. Auf jeden Fall sollten Sie sich nach erfolgter Abwehr an einen anderen Platz setzen.

Annäherungsversuch im Theater

Situation:
Im Rahmen eines Konzertes wird es wohl selten vorkommen, daß Sie belästigt werden. Sollte es dennoch einmal ein Nachbar versuchen, müssen Sie bei Ihrer Abwehr berücksichtigen, daß in einem relativ hellen Raum unter vielen Menschen kaum Gefährdung gegeben ist. Zudem wird der Täter Aufsehen vermeiden wollen und Sie schnell in Ruhe lassen, wenn er merkt, daß seine Annäherung unerwünscht ist.

Richtiges Verhalten:
Hat eine höfliche Ermahnung zu keinem Ergebnis geführt, greifen Sie die weiche Haut zwischen seinem Daumen und Zeigefinger und drehen Sie diese kräftig nach innen oder nach außen.

Verschiedene Situationen
bei öffentlichen Veranstaltungen

Situation:

Die folgenden Situationen können entstehen, wenn Sie alleine ins Theater gehen oder irgendeine öffentliche Veranstaltung besuchen, bei der Sie in einer der Reihen eines gut besuchten Zuschauerraums sitzen und zufällig leider einen »liebebedürftigen Mann« neben sich haben. Nehmen wir an, daß er auf Ihre höflichen, ermahnenden Worte nicht reagiert hat und Sie entweder Ihren Sitzplatz nicht verlassen können oder nicht wollen.

Richtiges Verhalten:

Zwicken Sie und drehen Sie an der Haut, entweder knapp unter oder knapp über der Hinterseite seines Knies (Bild 1).

Wenn er sein Bein gegen Ihres drückt, pressen Sie Ihren Ring auf seinen Oberschenkel knapp oberhalb der Kniescheibe (Bild 2).

Sollten seine Annäherungsversuche nicht mehr zaghaft, sondern schon sehr direkt sein, drücken Sie einen Bleistift, Kugelschreiber oder irgendeinen spitzen Gegenstand, den Sie gerade zur Hand haben, unter seinen Kiefer. Hierbei legen Sie Ihre linke Hand auf sein anderes Handgelenk, damit er Sie nicht mit seinem rechten Arm abwehren kann (Bild 3).

Eine originelle, nur in Raucherkinos mögliche Abwehr ist, eine Zigarette zwischen die Knöpfe in sein Hemd zu stecken und sofort mit der anderen flachen Hand kräftig auf die Brust zu schlagen. Die heiße Zigarettenglut wird die gewünschte Wirkung erzielen (Bild 4).

1

3

2

4

Angriff im Aufzug

Situation:

Sie befinden sich in einem Aufzug alleine mit einem Mann. Die Fahrt wird in der Regel nicht lange dauern, so daß die Gefährdung meist nicht groß ist. Manche Aufzüge kann man aber von innen abstellen. Wenn dazu der Angreifer Zeit und Gelegenheit hat, ist äußerste Vorsicht geboten. Erschwert wird die Situation dadurch, daß der Raum, in dem Sie sich befinden, sehr eng ist. Die Folge ist, daß Sie erstens nicht weglaufen können und zweitens wenig Platz zum Ausholen für wirksame Schläge haben.

Richtiges Verhalten:

Packen Sie seine Oberlippe und ziehen Sie diese nach oben. Das verursacht einen recht stechenden Schmerz; dadurch läßt er seine untere Körperhälfte für einen Augenblick ungedeckt.

Halten Sie sich an seiner Schulter fest und versetzen Sie ihm einen Tritt in seine Genitalien. Nehmen Sie dazu Ihr Schienbein, damit Sie beim ersten Versuch nicht gleich danebentreten. Ein
Kampf sollte nämlich auf so engem Raum unbedingt vermieden werden.

Angriff in einer Unterführung durch zwei Personen

Situation:
Auf dem Weg durch eine Unterführung werden Sie von zwei Männern angegriffen. In einer längeren Straßenunterführung beispielsweise ist es unmöglich zu entkommen. Sie werden sich also wohl oder übel den Angreifern stellen müssen.

Richtiges Verhalten:
Geraten Sie nicht in Panik. Lassen Sie die beiden ganz nahe kommen. Überlegen Sie ganz ruhig, wie Sie vorgehen wollen. Jeder muß einzeln bekämpft werden.
Vergessen Sie für den Bruchteil einer Sekunde den Mann hinter Ihnen. Fassen Sie den vorderen Mann am Ohr und ziehen Sie ihn nach unten. Versetzen Sie ihm gleichzeitig mit dem Handballen Ihrer anderen Hand einen energischen Schlag auf die Nase. Stoßen Sie kräftig mit Ihrem Knie nach oben (Bild 1). Denken Sie bitte daran, daß diese Techniken nur dann gelingen, wenn das Angriffsziel in Reichweite ist. Lassen Sie ihn deshalb so nahe herankommen, daß Ihr Angriff erfolgreich durchgeführt werden kann.

Greifen Sie mit Ihrer rechten Hand nach dem Gesicht des hinteren Mannes oder packen Sie seine Haare. Stoßen Sie mit Ihrer linken Schulter kräftig nach oben, um sein Gesicht zu treffen. Zwicken Sie mit der linken Hand in die Innenseite seines Beines (Bild 2) oder, sollte der vordere Mann langsam wieder zu sich kommen, schlagen Sie ohne jegliche Rücksicht noch einmal kräftig in seine Genitalien.

1

Angriff von mehreren Personen

Situation:

Zuerst muß gesagt werden, daß das Risiko bei einem Angriff von mehr als zwei Personen fast unbeherrschbar groß wird. Man sollte also immer versuchen, rechtzeitig einer solchen Situation auszuweichen. Trotzdem wird hier der Vollständigkeit halber die Lösung eines derartigen Problems beschrieben.

Sie wollen also gerade Ihr Wohnhaus, ein größeres Etagenhaus, betreten, als sich Ihnen drei Männer in den Weg stellen, mit der offensichtlichen Absicht Sie anzugreifen.

Richtiges Verhalten:

Wie immer in solch mißlicher Lage: **Ruhe bewahren.** Überlegen Sie genau, wie Sie am besten vorgehen. Dann müssen Ihre Bewegungen exakt, entschlossen und kompromißlos sein.

Sie haben der Person, die Ihnen am nächsten steht, einen Ellbogenstoß ins Gesicht versetzt. Die Lippe wird zwischen Ellbogen und Zähnen eingequetscht (Bild 1). Das ist Ihre erste und für die Gruppe unerwartete Bewegung. Ihre Schlüssel halten Sie schon in der rechten Hand für Ihren nächsten Angriff bereit.

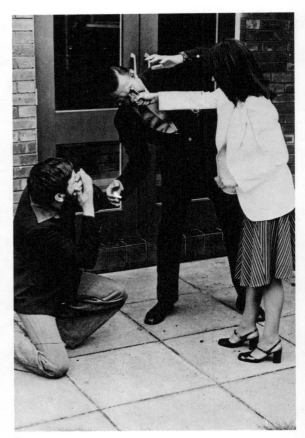

1

2

Drücken Sie die Schlüssel in die Nasenlöcher oder auf die Augen des Zweiten (Bild 2). Sie können sicher sein, daß Ihnen dieser Angriff gelingt, da die Aufmerksamkeit dieser Person zeitweilig auf den Mann mit der verletzten Lippe gerichtet war.

Bei dem Dritten holen Sie mit dem Bein aus und versetzen Sie ihm mit vollem Schwung einen Tritt zwischen die Beine (Bild 3). Suchen Sie so schnell wie möglich Hilfe.

Die beschriebenen Techniken können möglicherweise in einem Notfall angewendet werden; hier dienten sie vor allem als Beweis, daß eine Frau durchaus mit mehr als einem Angreifer fertig werden kann.

3

Verschiedene Gebrauchsgegenstände und ihre Einsatzmöglichkeiten

Einige Gegenstände (Bild 1), die eine Frau oft bei sich trägt, wie zum Beispiel Schirm, Handtasche, Schlüssel, Spraydose, Bürste, Kamm, Schere, Haarnadeln, können bei geschickter Anwendung als Waffen benützt werden. Die Verwendung des Schirms ist schon (siehe S. 45) beschrieben worden. Die Handtasche eignet sich dazu, um auf die Nase eines Angreifers geschleudert zu werden. Anmerkung: Werfen Sie niemals einen Schirm oder eine Handtasche, da Sie damit überhaupt nichs erreichen werden. Die Wahrscheinlichkeit zu treffen ist sehr gering.

1

Hierzu einige Illustrationen:
Fahren Sie mit einem Kamm kräftig über die Nase (die Lippen, den Hals) des Angreifers (Bild 2).
Stechen Sie mit einem Schlüssel hinter den Kieferwinkel (Bild 3) (in die Nase, in die Zähne).
Eine geschickte und kluge Anwendung des Schirms – drücken Sie die Spitze mit aller Kraft auf die Zehen des Angreifers (Bild 4).
Drücken Sie einen Bleistift oder Kugelschreiber energisch auf den Kieferknochen (Bild 5).
Nehmen Sie ein Eau de Cologne-Spray oder, noch besser, eine größere Spraydose. Zielen Sie nicht auf seine Augen, weil dieses Manöver zu offensichtlich wäre und der Gegner wahrscheinlich instinktiv oder absichtlich seine Augen schließen würde. Sie könnten ihm damit auch schlimmere Schmerzen oder Verletzungen zufügen als erwünscht. Zielen Sie nach oben auf die Nasenlöcher, die sich nicht von selbst schließen können (Bild 6); das ist genauso unangenehm. Anschließend können Sie in aller Ruhe weggehen.

4

2

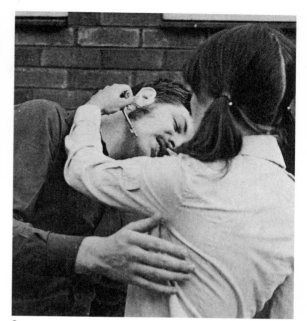

3

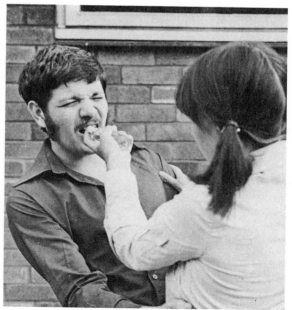

5

6

Angriff in der Telefonzelle

Situation:

Sie führen gerade ein Telefongespräch von einer öffentlichen Telefonzelle aus. Ein Mann dringt mit der Absicht in die Zelle ein, Gewalt anzuwenden. Vor Ihnen steht der Telefonapparat, auf zwei Seiten haben Sie die Glaswände der Telefonzelle und in der Tür steht jetzt der Angreifer. Es hätte keinen Sinn, ihn hinausdrängen zu wollen, denn Sie kommen mit Ihrer relativ geringeren Kraft nicht gegen die des viel stärkeren Angreifers an.

1

Richtiges Verhalten:

Machen Sie bei seinen Annäherungsversuchen mit. Bemühen Sie sich dabei, eine halbe Umdrehung zu machen, um damit zur Tür zu kommen. Stellen Sie einen engen Körperkontakt her. Legen Sie beide Arme auf seine Schultern und halten Sie sich an seiner Jacke fest. Er wird Ihnen unweigerlich sein Gesicht zudrehen (Bild 1).

Nützen Sie diese Bewegung aus und ziehen Sie kräftig mit Ihren Händen; drehen Sie im letzten Augenblick Ihren Kopf weg. Seine Stirn wird dann mit aller Wucht auf die Wand der Telefonzelle aufprallen (Bild 2). Schlüpfen Sie jetzt durch die Tür ins Freie, gehen Sie schnell weg und suchen Sie Hilfe.

2

Überfall in der eigenen Wohnung

Situation:

Ein Mann ist in Ihre Wohnung eingebrochen und will Sie berauben. Oft ist es besser, ihn gewähren zu lassen, da viele Einbrecher nur als letzten Ausweg Gewalt anwenden.

In diesem Fall aber ist der Mann tätlich geworden. Er hat Sie gerade geohrfeigt und zieht an Ihren Haaren. Seine Absicht ist, Sie einzuschüchtern, unter Umständen zu verletzen.

Richtiges Verhalten:

Schlagen Sie nicht blindlings auf ihn ein, sondern planen Sie Ihr Vorgehen und lassen Sie Ihre Griffe schnell aufeinanderfolgen.

Schlagen Sie mit der Faust auf seine Nasenspitze. Die Finger Ihrer rechten Hand stoßen kräftig gegen seinen Adamsapfel. Abschließend ziehen Sie Ihr Knie wuchtig nach oben. Wenn Sie diese Schläge genau und schnell ausführen, werden Sie genügend Zeit haben, um aus der Wohnung oder dem Haus zu laufen und Hilfe zu holen.

Vergewaltigungsversuch im Hause

Situation:
Bricht jemand mit dem Vorsatz in Ihrem Haus ein,
Sie zu vergewaltigen, oder werden Sie bei einer
Party in ein Nebenzimmer gelockt und haben
nicht die Absicht, sich verführen zu lassen, so
versuchen Sie erst einmal, Ruhe zu bewahren.
Angst und Hysterie könnten Ihr Gegenüber nur
noch rabiater werden lassen. Fruchtet eine Dis-
kussion nicht, dann müssen Sie den Angreifer zunächst näher herankommen lassen und anschließend entschlossen handeln. Rechnen Sie aber damit, daß er die ihm zugefügten Schmerzen gar
nicht richtig realisiert, weil er von seinem Vorhaben ziemlich stark getrieben wird.

Richtiges Verhalten:
Nachdem der Angreifer engen Körperkontakt her-
gestellt hat, zwicken Sie mit der einen Hand in die
Innenseite seines Beines oder in seinen Hoden.
Mit der anderen Hand drücken Sie mit gekrallten
Fingern auf sein Gesicht (Bild 2). Der nach oben
und hinten gerichtete Druck wird hauptsächlich
mit dem Handballen auf seine Nase ausgeübt
(Bild 3). Damit haben Sie ihn erheblich verletzt.

Sollte er den Ausgang versperren, dann bezwingen Sie ihn endgültig mit einem Kniestoß. Halten
Sie sich dazu an seinen Schultern fest und ziehen
das Knie mit Schwung nach oben gegen seine
Genitalien (Bild 4).

Anmerkung: Wenn Sie der Meinung sind, daß Ihr
Vorgehen zu hart war, ziehen Sie doch folgende
Gesichtspunkte in Erwägung:
- Die Person drang mit der Absicht ein, Sie zu
  vergewaltigen.
- Worte konnten ihn nicht von seinem Vorhaben
  abbringen.
- Denken Sie an die bitteren Folgen, die ein ge-
  glückter Angriff seinerseits für Sie gehabt hätte.

1

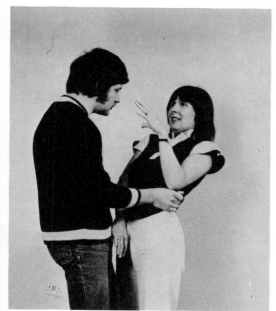

2

3

4

Vergewaltigungsversuch
unter Androhung von Waffengewalt

Situation:

Ein Mann bricht in Ihr Haus ein und zwingt Sie, mit
vorgehaltenem Messer, sich auf Ihr Bett zu legen.
Sie haben eigentlich keine andere Wahl, als nach-
zugeben. Schauen Sie verängstigt, um ihm den
Eindruck zu geben, daß er mit seiner Methode
zum Ziel kommt. Versuchen Sie zu diesem Zeitpunkt nicht, Widerstand zu leisten.

Richtiges Verhalten:

Kommen Sie anfänglich seinen ausgesprochenen
oder unausgesprochenen Aufforderungen nach.
Leisten Sie auch dann noch keinen Widerstand,
wenn er sich über Sie beugt, aber helfen Sie ihm
auch nicht. Liegen Sie passiv da, damit er die
Initiative ergreifen muß. Da er mit einer freien
Hand nicht viel erreichen kann, wird er das Messer
früher oder später weglegen. Wenn er sich dann
einigermaßen sicher fühlt und sich mit beiden

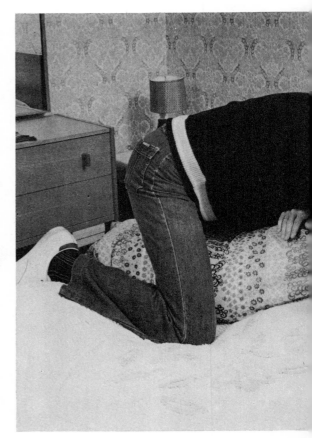

Händen betätigt, greifen Sie nach dem Messer und schleudern Sie es vom Bett weg, damit er keinen Gebrauch mehr davon machen kann.

Zu diesem Zeitpunkt ist der Mann voll mit Ihnen beschäftigt und sein Tun ist nur auf die eine Sache ausgerichtet. Das Messer ist weg, und Sie können wie im folgenden Beispiel zum Gegenangriff übergehen (siehe S. 84).

Anmerkung: Versuchen Sie in keinem Fall, das Messer als Waffe zu benützen. Sie wollen den Sexualverbrecher außer Gefecht setzen, um zu entkommen, und nicht in eine Messerstecherei verwickelt werden. Gebrauchen Sie Ihren Verstand und Ihre Fertigkeiten, nicht Ihre Kraft oder gar das Messer.

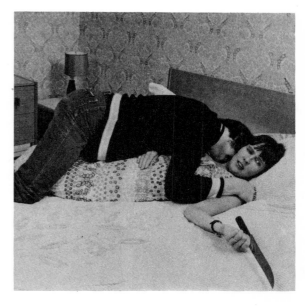

Überfall im Bett

Situation:
Immer wieder kommt es vor, daß Frauen nachts zuhause überfallen werden, weil der Täter durch ein offenes Fenster oder eine offene Tür ins Haus gelangte.

Sie liegen im Bett mit der Bettdecke zugedeckt. Ein Mann stürzt auf Sie zu, offensichtlich um Sie zu vergewaltigen. Zu diesem Zeitpunkt wäre jeglicher Widerstand sinnlos, denn Laken, Decke oder Federbett würden Sie an einem Gegenangriff hindern. Bei einem Kampf würden Sie nur Ihre Energien verschwenden.

Richtiges Verhalten:
Machen Sie ein entsetztes Gesicht und erwecken Sie damit den Eindruck, als ob Sie sich nicht verteidigen wollten. Lassen Sie ihn das Bettzeug wegziehen und hindern Sie ihn nicht an seinem weiteren Vorgehen. Helfen Sie ihm aber auch nicht – lassen Sie ihn alles allein machen.

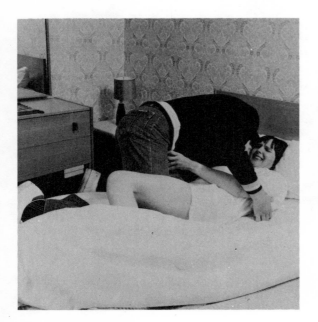 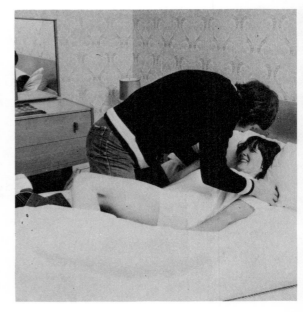

Das Bettzeug ist jetzt nicht mehr im Weg. Sie warten auf eine günstige Gelegenheit, um zum Gegenangriff überzugehen. Dazu müssen sich Ihre Hände in der Nähe des Zielobjekts befinden. Es ist wichtig, daß Sie Ihre Hände nicht für offensichtlich abwehrende Bewegungen gebrauchen, damit sie im richtigen Augenblick frei für den Gegenangriff sind.

Jetzt muß die Entscheidung fallen. Entweder Sie verletzen den Mann oder Sie werden von ihm vergewaltigt! Der Unterleib des Mannes befindet sich genau über Ihrem und Sie können, da Sie keinen aktiven Widerstand geleistet haben, Ihre Arme frei bewegen. Packen Sie seinen Hoden, drücken Sie ihn zusammen und ziehen Sie fest. Das sollte ihm so viel Schmerzen bereiten, daß Sie sich befreien und weglaufen können. Tun Sie jetzt das einzig Vernünftige, laufen Sie hinaus, solange er Sie nicht verfolgen kann, verlassen Sie das Haus und suchen Sie draußen nach Hilfe.

Anmerkung: Versuchen Sie nicht, von Ihrer Wohnung aus telefonisch Hilfe herbeizurufen. Sie wissen ja nicht, wie schwer er verletzt ist, und Sie wollen nicht ein zweites Mal angegriffen werden. Schalten Sie die Lichter an, lassen Sie die Türen weit offen und rufen Sie vom nächsten Haus an, in dem sich Ihres Wissens nach jemand befindet, oder ersuchen Sie Nachbarn um Hilfe.

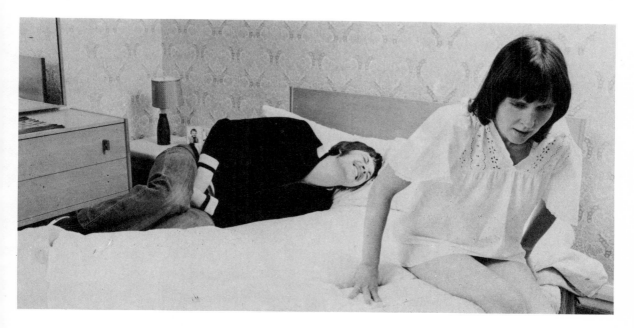

Angriff auf Schwangere

Situation:
Ebenso sind Schwangere nicht gegen Angriffe gefeit. Aber auch für sie gibt es viele Verteidigungsmöglichkeiten gegen Angreifer:

Richtiges Verhalten:
Wenn der Angreifer Sie eng an sich heranzieht, müßten Sie mit den Zähnen seinen Adamsapfel ergreifen und festhalten können. Üben Sie so viel Druck aus, daß er Sie losläßt, weil er husten und spucken muß. Das genügt, um zu entkommen. Beißen Sie nicht zu lange zu, da der Biß auch tödlich sein kann.

Hier noch einmal die Reihenfolge Ihres Vorgehens:
- Erfassen Sie den Adamsapfel mit den Zähnen.
- Beißen Sie schnell und kräftig zu.
- Zählen Sie schnell bis drei.
- Lassen Sie los und entfernen Sie sich.

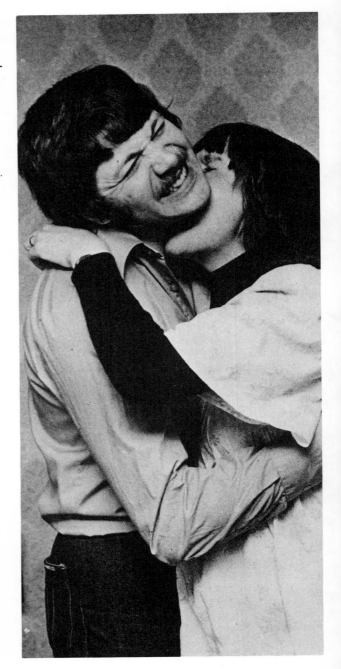

Eine weitere Abwehr:

Ein kräftiger Biß in den Kiefer, wenn Sie nicht an den Adamsapfel herankommen oder wenn aus dem Versuch, ihn zu packen, sich ein Kampf entwickeln könnte. Der Druck wird vor allem an der Unterseite des Knochens ausgeübt und die unteren Zähne kräftig nach oben geschoben. Wenn nötig, können Sie anschließend mit Ihrem Ellbogen gegen Nase und Augen des Angreifers stoßen.

Angriff im Sessel

Situation:
Sie sitzen in einem tiefen, weichen Sessel und ein
vor Ihnen stehender Mann macht sich an Sie
heran. Aufzustehen ist zwecklos, weil Sie ohnehin
wieder von ihm hinuntergedrückt werden.

Richtiges Verhalten:
Lassen Sie ihn ganz nahe herankommen und le-
gen Sie beide Hände auf seine Schläfen, um die
Balance zu halten.
Drücken Sie dann beide Daumen nach oben in die
Augenhöhlen, oberhalb des Augapfels. Ihre Dau-
men üben auf beide Augenlider gleichzeitig Druck
aus (Bild 1).
Schlüpfen Sie zwischen seinen Beinen und den
Sessellehnen durch, während er noch von den
Schmerzen benommen ist.
Wenn Sie glauben, daß er immer noch nicht von
Ihnen läßt, drücken Sie anschließend Ihren Ellbo-
gen mit dem vollen Gewicht Ihres Körpers auf sein
Ohr (Bild 2).

1

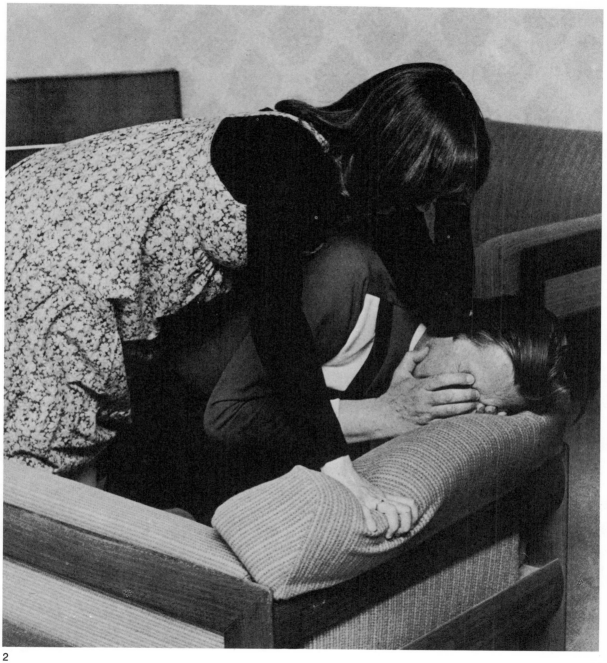

2

Angriff durch eine Frau

Werden Sie aus irgendeinem Grunde von einer Frau angegriffen, wird diese keine Mittel scheuen und ihre Arme, Beine, Zähne und Fingernägel wie eine Hyäne einsetzen. Ihr Vorgehen muß schnell und energisch sein, damit Sie Zeit zum Weglaufen gewinnen – versuchen Sie ja nicht, mit ihr zu diskutieren.

Mögliche Abwehraktionen:
Schlagen Sie mit der flachen Hand auf ihr Ohr. Damit gewinnen Sie gleich zu Anfang ein paar Sekunden Zeit (Bild 1).

Mit gekrallten Fingern greifen Sie an den Hals. Der Griff sollte aus einer kräftigen Bewegung der Fingerspitzen nach unten und innen bestehen. Lassen Sie daraufhin die Frau los und verschwinden Sie (Bild 2).
Strecken Sie Ihre Hand, so daß die Fingerspitzen nach oben weisen. Treten Sie schnell zur Seite und stoßen Sie mit der Hand unter die Brust Ihrer Gegnerin – Richtung des Stoßes nach oben und nach innen (Bild 3). Dieser Handgriff wird ihr so den Atem rauben, daß Sie dann entkommen können.

Daumen und kleiner Finger berühren sich, die anderen drei Finger sind gestreckt. Stechen Sie mit den Fingern in beide Seiten des Halses, wie es auf Bild 4 gezeigt wird. Wenn man sich eine imaginäre Linie als Verlängerung der Finger vorstellt, würden die Fingerspitzen innerhalb des Halses aufeinandertreffen. Während die Auswirkungen dieses Griffs der Angreiferin noch zu schaffen machen, gehen Sie schnell weg.

Als letztes können Sie mit den Fingernägeln kurz und scharf über die Augen ihrer Gegnerin schlagen (Bild 5).

1

2

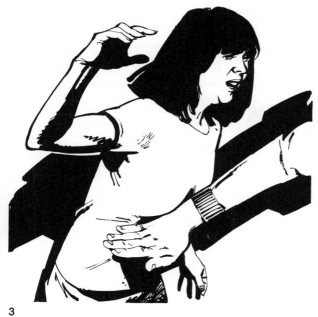

3

5

4

Bei all den aufgezeigten Situationen geht es einzig und allein darum, so wirkungsvoll wie möglich zurückzuschlagen, um sich Zeit zum Weggehen zu verschaffen. Die Angegriffene soll nicht die Rolle des Angreifers übernehmen. Nützen Sie die somit gewonnenen Augenblicke, um sich schnellstens zu entfernen und evtl. Hilfe zu holen.

BLV Sportbücher

Steve Arneil / Bryan Dowler

Karate leichter lernen

In diesem Buch stellen die Autoren alle wichtigen
Stöße, Schläge und Tritte einprägsam dar.
Alle Bewegungsbeschreibungen werden durch
Bildserien und Einzelbilder veranschaulicht.
Die Demonstrationen der einzelnen Techniken
werden von Schülern der Autoren hervorragend
ausgeführt. Das Buch hilft Anfängern, diesen
schönen und nützlichen Sport zu erlernen und
Fortgeschrittenen, das bereits Erlernte weiter zu
vervollkommnen.

96 Seiten, 245 Schwarzweißfotos, 2 Zeichnungen

blv sportpraxis
Udo Moser

richtig selbstverteidigen

Anfänger und Interessierte erhalten mit diesem
Band der neuen Reihe »blv sportpraxis« spezielle
Ratschläge und Tips für die Selbstverteidigung.
Die Grundtechnik — alle erforderlichen Würfe,
Schläge, Stöße und Festhaltetechniken — wird
genau beschrieben. Anhand wirklichkeitsnaher
Situationen wird die Anwendung im Ernstfall
demonstriert.

127 Seiten, 95 Farbfotos, 155 Schwarzweißfotos,
2 Zeichnungen

blv sport
Masahiko Kimura

Judo — für Anfänger + Kämpfer

In vielen Bildreihen und mit einem exakten Text
werden systematisch die wichtigsten Kampf-
techniken dargestellt. Dazu die Angriffsmöglich-
keiten, Kontertechniken, Kombinationen und
Variationen. Außerdem wichtige Tips für die Vor-
und Nachteile der einzelnen Techniken, den
Verlauf des Judotrainings, sowie Interpretation
der wichtigsten japanischen Fachausdrücke.

2. Auflage, 162 Seiten, 127 Bildserien, 91 Fotos,
2 Zeichnungen

blv sport
Henri Courtine

Judo perfekt — Technik, Training, Wettkampf

Hier wird mit ausführlichen Beschreibungen und
einprägsamen Bildserien die technische Vielfalt
des Judo gezeigt. Henri Courtine führt die
wichtigsten Techniken im Stand und am Boden
meisterhaft vor. Dem ausführlichen geschicht-
lichen Überblick und den Technikbeschreibungen
folgen Ratschläge für und über das Training.
Auch die Vorform des Judo, die Kampfsportart
Ju-Jutsu wird in einem Kapitel behandelt. Beson-
deres Gewicht wurde auf die sorgfältige Darstellung vom Wettkampf, Gewichtsklassen sowie
Kiu- und Dan-Graden gelegt.

142 Seiten, 90 Schwarzweißfotos, 115 Bildserien

BLV Verlagsgesellschaft München Bern Wien